UNION DES ARTISTES.

CATALOGUE

D'UNE COLLECTION

DE

TABLEAUX

ET DE DESSINS MODERNES,

DONT LA VENTE AURA LIEU

HOTEL DES VENTES MOBILIÈRES,

RUE DES JEUNEURS, N° 42,

SALLE N° 2.

LES LUNDI 12 ET MARDI 13 NOVEMBRE 1849,

heure de midi,

Par le ministère de Me **RIDEL**, Commissaire-Priseur,
335, rue Saint-Honoré,

Assisté de M. **SCHROTH**, Appréciateur, rue de la Fontaine-Molière, n° 33,

Chez lesquels se distribue le présent Catalogue.

EXPOSITION PUBLIQUE

Le Dimanche 11 Novembre 1849, de midi à 4 heures.

PARIS

IMPRIMERIE ET LITHOGRAPHIE DE MAULDE ET RENOU,
Rue Bailleul, 9 et 11, près du Louvre.

1849

CONDITIONS DE LA VENTE.

Elle sera faite au comptant.

Les acquéreurs paieront, en sus des adjudications, cinq pour cent, applicables aux frais de vente.

DÉSIGNATION

DES TABLEAUX.

M. BASTIEN (George),

Rue Fontaine-au-Roi, 15.

1 — La Conversation.
2 — Souvenir de Hollande.
3 — Le Lever de la lune.
4 — L'Hiver.

M. BERNÈDE (Emile),

Rue du Cherche-Midi, 117.

5 — Nature morte.
6 — Petite tête d'étude.
7 — Six Dessins divers seront vendus sous ce
numéro.

M. BERTRAND,

Rue Soufflot, 1.

8 — Retraite de Moscou (Soldat en tirailleur).
9 — Le Drapeau enlevé.
10 — Un Brigand italien.

11 — Le Retour de la fête de la madone de l'arc, (d'après Léopold Robert).

12 – La Laitière (d'après Greuze).

13 — La Mort aux Rats, (d'après Vischer).

14 — La Jardinière en repos, d'après Pertos.

15 — La Méduse, d'après Géricault.

16 — Le Voyageur rafraichi.

17 — Une Scène militaire.

M. BOURNE,
Rue Fontaine-au-Roi, 15.

18 — Vue de Picardie, effet d'hiver, soleil couchant.

19 — Souvenir de la forêt de Rougemont.

20 — Souvenir de Fontainebleau.

21 — Vue prise au bois de Satory, étude.

22 — Vue de la forêt de Rougemont.

23 — Chaumière en Normandie, effet d'hiver.

24 — Vue prise à Auvers (Oise).

25 — Les bords de l'Orne.

26 — L'Hiver.

27 — Vue prise près d'Alençon.

28 — Vue des bords de la Loire.

M. BRARD,
Rue du Battoir St-André, 8.

29 — Vue du Bas-Meudon.

30 — Vue prise à Billancourt, effet du matin.

31 — Vue prise près d'Orléans, effet d'orage.

32 —   Id.   à Suresne, soleil levant.

33 —   Id.   à Saint-Ouen, soleil couchant.

M. BRONQUART,
Rue Hauteville, 14.

M. CARTIER,
Rue du Delta projetée, 11.

M. CHAILLY,
Rue des Poissonniers, 25, à Montmartre.

M. CHAINBEAUX,

Impasse des Couronnes, 12, à la Chapelle St-Denis.

56 — Un Effet de lune.
57 — Un Effet du soir.
58 — Un Chemin vicinal.
59 — Un Bois.
60 — Un Effet d'automne.
61 — Un Effet du matin.
62 — Une Vue de Normandie.
63 — Vue des bords de l'Oise.
64 — Vue d'un moulin à Jouy.
65 — Vue prise à Jouy.
66 — Paysage composé.
67 —   Id.

M. CHONÉ,

Rue de Bretagne, 40.

68 — Un Avare.
69 — Une poète.
70 — Un Vase de fleurs, d'après Vanhuysum.
71 — Un Bouquet.
72 — L'Heureux moment.
73 — Le Carquois épuisé.
74 — Les deux Fiancés.
75 — Une Jeune fille en défaut.
76 — Une Fête champêtre.
77 — Vénus sur l'onde.
78 — Nature morte.
79 — Passage du gué.

M. DESFONTAINES,

Rue de Ménilmontant, 11.

80 — Vue prise au cours de France.

81 — Vue aux environs de Melun.

82 — Auberge à Ste-Geneviève, près Vernon.

83 — Moulin sur la petite rivière d'Orge.

84 — Départ pour la pêche, sujet anglais.

85 — Effet de glace, (souvenir.)

86 — Moulin sur la rivière d'Eure.

87 — Effet de neige, avec forge.

88 — Vue des environs de la Roche-Guyon.

89 — Moulin près Gasny (Eure).

90 — Vue prise au Vernonnais.

91 — Vue prise à Rolboise (Seine).

92 — Vue prise à Juvisy.

M. D'HAÈSE,

Rue des Petits-Augustins, 22.

93 — Clair de lune, d'après Vernet.

94 — Un Hiver, d'après Lancret.

95 — L'Eté,   id.

96 — Une Tête, d'après Greuze.

97 — Une autre,   id.

98 — Le Voyage de Thybé, d'après Wateau.

99 — Les Disciples d'Émaüs, d'après Rembrandt.

100 — Une Halte, d'après Wouvermans.

101 — Un Joueur de musette, d'après Téniers.

102 — Un Homme et une Femme,   id.

103 — L'Opération,   id.

104 — Un Fumeur,   id.

105 —   Id.   id.

106 — Des Fumeurs, d'après Brauwer.
107 — La Fileuse, d'après Gérard Dow.

M. DUVIEUX,

Rue Ménilmontant, 35.

108 — Paysage.
109 — Femme récurant un chaudron.
110 — Chasse aux perdreaux.
111 — Chasse aux faisans.

M. FERREY,

Rue du Buisson Saint-Louis, 28.

112 — Paysage.
113 — Idem.
114 — Animaux.
115 — Id.
116 — Poteries et légumes.
117 — id.

M. HUBERT,

Rue du Delta projetée, 5.

118 — Le chemin de Corbeil.
119 — Vue prise à Auvers.
120 — Un taureau.
121 — Vue prise aux environs de Pierrefonds.
122 — Id. du moulin de Batigny à Pierrefonds.
123 — Vue prise dans la forêt de Saint-Germain.
124 — Un soleil couchant.
125 — Vue prise en Normandie.
126 — Id.   aux environs de Fontainebleau.
127 — Id.   au nid de l'aigle Fontainebleau.

M. JACKSOU,
Rue Neuve-Pigale, 35, à Montmartre.

128 — Une sieste à Venise.
129 — Le reveil de la Bacchante.
130 — La Curieuse.
131 — Les Sevreuses.
132 — La Petite Sœur.
133 — Jeune Bacchante.
134 — Les Nymphes.
135 — L'Oiseau privé.
136 — Les Lecteurs.
137 — La Conversation amoureuse.

M. JONCHERIE,
Rue des Mathurins Saint-Jacques, 18.

138 — La chasteté de Joseph, imitation de dessin.
139 — Une ardoise à mathématique, imitation.
140 — Le Dépôt de cuisine, nature morte.

M. LEMERCIER.

141 — Pàtre italien assis à terre, étude.
142 — Vue de l'île Pankouke à Meudon.
143 — Vue d'un moulin dans la vallée de Narny.
144 — Vue prise à Pompéï.
145 — Marine, effet de brouillard, d'après J. Vanet.
146 — Une Charité, d'après Murillo.
147 — Paysage avec cavalier, d'après Winants.

M. MASSON,
Rue des Filles du Calvaire, 4.

148 — Vue prise sur la rivière de Tilkue, près Saint-Omer.

149 — Le Printemps.
150 — Le Vieux Berger.
151 — Bord de rivière.
152 — Effet d'automne.
153 — Baigneuses.
154 — Intérieur d'écurie.
155 — Vue prise près de Dunkerque.
156 — Intérieur de forêt.

Mlle CELESTINE MINGAUD,

Rue de Vaugirard, 57.

157 — Le Marchand d'images.
158 — Intérieur de ferme.
159 — Les Blanchisseuses.
160 — Les Moissonneurs, d'après Léopold Robert.
161 — La Leçon de broderie, d'après Chardin.
162 — Le Bénédicité, d'après Chardin.
163 — Sapin, étude d'après nature (mine de plomb).

Mlle LÉONTINE MINGAUD.

Rue de Vaugirard, 57.

164 — Soldat tirailleur.
165 — Vue prise aux environs de Bordeaux.
166 — Vue prise aux environs de Paris.

M. MONFALLET,

Rue Ferou, 3.

167 — Page du temps de François Ier.
168 — Dix Dessins divers seront vendus sous ce
numéro.

M. PERRET,

10, rue des Couronnes, à la Chapelle Saint-Denis.

169 — Effet de brouillard.
170 —   Id.
171 — Vue prise à Rambouillet.
172 — Bords de l'eau.
173 —   Id.
174 — Chemin creux.
175 — Vue d'un moulin.
176 — Moulin (Vosges).
177 — Bords de l'eau, effet du matin.
178 — Soleil couchant dans la montagne.
179 — Soleil couchant.
180 — Nuit tombante.
181 — Souvenir de Hollande.
182 — Intérieur de forêt.

M. POSTELLE père.

Rue du Théâtre, 8, à Belleville.

183 — Un paysage.

M. POSTELLE fils.

Rue Beaurepaire, 10.

184 — Vue de Normandie.
185 —   Id.
186 —   Id.
187 —   Id.
188 — Environs de Lisieux.
189 — Environs de Fontainebleau.
190 — Environs d'Honfleur.
191 — Autre   id.

M. RENIÉ,

99, rue Saint-Louis au Marais.

192 — Vue prise à Charenton.

193 — La Collation.

194 — Un Chalet (Vosges).

195 — Vue prise à Méry (Oise), soleil couchant.

196 — Chemin de la vallée de Sainte-Vandrille.

197 — Un Porche d'église.

198 — Un Moulin à eau (Vosges), soleil couchant.

199 — Marée basse (Havre).

200 — Vue du château de Tancarville (Normandie).

201 — Vue prise à Labresse (Vosges).

202 — L'étang de Senlis.

203 — Forêt, esquisse.

204 — Rocher de la Madone (route des Truches.
(Vosges).

205 — Baigneuses.

M. SCHYNEN,

Rue des Colonnes, 5.

206 — Le Départ pour la chasse au faucon, d'après
Willems.

207 — L'Appui Mutuel, d'après Madou.

208 — Le Faiseur de bulles, d'après Netscher.

209 — Les Philosophes bachiques, d'après Teniers.

210 — Le Retoucheur de tableaux, d'après M.
Guillemin.

211 — Louis XV, d'après M. Coulou.

212 — Tous les articles qui auraient été omis au
présent catalogue seront vendus sous ce
numéro.

Paris, impr. MAULDE et RENOU, r. Bailleul, 9-11

Bordereau d'Adjudication.

Vente *Arnoul ?*   Rue des Jeûneurs, n° 42.

Doit M. Covillard

Rue

№   à **Mᵉ RIDEL**, Commissaire-Priseur, à Paris,

Du Livre de Recette.   Rue Saint-Honoré, **335.**

Articles du procès-verbal.	Numéros du catalogue.		F.	C.	F.	C.
		Le 22 9ᵇʳᵉ 1849				
230		*1 pied de candélabre*		à 10	19	»
						95
					19	95
		À reporter . . .				

Articles du procès-verbal.	Numéros du catalogue.		F.	C.	F.	C.
		D'autre part				

16.

Mr Couillard

22 9bre 1849.

1 Vase en verre 30 "
2 id 24 "
3 id 25 "
1 pied de candélabre 19 "
2 verres antiques, 1 figure égyptienne 3 "
2 vases antiques en bronze 24 "
2 id 16 50
____
141 50
frais 15 "
____
126 50
Bon, 19 95
____
Net 106 55